AF140534

1

2

NICK LIVING

EIN CLOWN

GEDICHTE & TEXTE

4

Design & Layout: Nick Living

Impressum

Herstellung und Verlag:
BoD - Books on Demand GmbH, Norderstedt
ISBN 978-3-7347-7839-1
Für den Inhalt des Buches zeichnet der Autor
verantwortlich
© 2015

Nachtflug

Es fliegt sanft ein Flugzeug
durch die finstere Nacht
Still ist's geworden,
und es schwebt nur ganz sacht
Ein Mondlicht
sich kühl noch im Cockpit verfängt
Wer mag das wohl sein,
der die Maschine jetzt lenkt?

Gleich steigt jenes Flugzeug
vorm Bergmassiv auf
Ganz hinten die Leute,
die nehmens in Kauf
Und doch scheint das Singen
der Triebwerke schwer
Bringt manche Vermutung,
manch Ängste daher

Was wär,
wenn ganz plötzlich der Antrieb versagt?
Was,
wenn die Mannschaft vom Teufel geplagt?
Was,
wär die Hoffnung nicht mit all jedem Flug?
Ist blindes Vertrauen
der Passagiere genug?

Dort hinten, die Menschen,
die nehmens in Kauf
Ganz sacht steigt das Flugzeug
am Bergmassiv auf
Im Cockpit zwei Männer
mit Mut und mit Macht
Ob all die Passagiere
daran mal gedacht?

Es rast die Maschine
durch die düstere Nacht
Vielleicht ist's Gewissheit,
die ruhig uns macht?
Wer fragt die Piloten
nach Sorgen und Wut?
Ist unser Vertrauen
beim Flug schon genug?

Sanft driftet das Flugzeug
übers Bergmassiv hin
Die Nacht blieb ganz ruhig,
manch Traum war sehr schön
„Wolln Sie etwas trinken?",
werd leis ich gefragt
Ein Saft vielleicht noch
auf den baldigen Tag …

Schmutziger Ort

Irgendwo in dieser Stadt
Dort, wo keiner Namen hat
Fand ich dich am Rand der Zeit
Warst zu schnellem Sex bereit
Dort, am Ende aller Zeit
Irgendwo in dieser Stadt

Warfst dir harte Drogen ein
Bloß nichts fühln! Das muss so sein!
Träume, Liebe gibt's hier nicht
Niemand schaut dir ins Gesicht
Traum und Hoffnung gibt's hier nicht
Selbst das Bier ist selten rein

Tränen netzten deinen Blick
Wolltest Freiheit, nur ein Stück
Irgendwo in dieser Stadt
Wo kein Mensch mehr Namen hat,
bliebst du hungrig, warst nicht satt
Sehnsucht netzte deinen Blick

Als ich ging, bliebst du zurück
Bliebst im Schatten, ohne Glück
Irgendwo im Hinterhaus
stirbt so manche graue Maus!
Dort hälts keiner lange aus!
Kann man leben ohne Glück?

Und schon bald fuhr ich nach Haus
Hier sieht alles anders aus
Trank den Sekt, so gegen Vier
War doch noch so nah bei dir
Schloss die dicke Eingangstür
Weit entfernt vom Hinterhaus

Irgendwas

Du kamst nach Hause, irgendwann
Ich fragte nicht nach dem „Woher"
Du warst ein sehr gestresster Mann
Und kamst nach Hause, irgendwann
Nach Liebe fragtest du nicht mehr

Du legtest dich allein aufs Bett
Und schliefst ganz ohne Worte ein
Du lächeltest nicht einmal nett
Du legtest dich nur auf dein Bett
Mir blieb nur eine Flasche Wein

Ich schaute dich sehr lange an
Du lagst nur da und schienst so fern
Du warst ein sehr gestresster Mann
So lange schaute ich dich an
Wo blieb nur unser Liebesstern

Ich zog mich an und schlich mich fort
Mit meinen Koffern, dick und schwer
Ich wollt nur weg von diesem Ort
Und zog mich an und schlich mich fort
Du kamst mir niemals hinterher

Die S- Bahn fuhr irgendwohin
Zum Eck- Hotel am Schluss der Zeit
Für ein paar Euro durch Berlin
Ein fremder Mann – kein neuer Sinn
Ein Drink allein, das Glück so weit

9

Erinnerungen sind so schwer
Und nachts ist´s kühl in dieser Stadt
Du kamst mir niemals hinterher
Und ich und du- das wog so schwer
Die Straßen leuchten fremd und matt

Eine Angestellte

Es war ein Morgen, irgendwann
Der Kaffee schmeckte schlecht, so schlecht
Noch schnell ein Küsschen für den Mann
An diesem Morgen, irgendwann
Sie macht' es allen immer recht

An jenem Tag, als Regen fiel,
war's trübe noch und seltsam lau
Ihr Job war hart, kein leichtes Spiel
Der Tag war grau und Regen fiel
Sie war 'ne starke schwache Frau

Sie sah das Elend vis-à-vis
Und mancher Fall wog tonnenschwer
Sie hielt es durch, wohl irgendwie
Sie sah manch Trauer vis-à-vis
Doch auch sie selbst schien müd und leer

Vorm Spiegel in der Pause dann,
da sah sie sich und weinte leis
Ein Handyklingeln, wohl der Mann
Vorm Spiegel jetzt, minutenlang
Und plötzlich, da zerschmolz das Eis

Was, wenn sie einfach wortlos ging?
Dorthin, wo alles Glück vielleicht?
Dorthin, wo aller Segen hing?
Wer fragt, wenn sie jetzt einfach ging?
Ob's für das Leben dann noch reicht?

Sie schloss die Augen, hielt sich fest
Und wankte hin und wieder her
Was, wenn man sich mal treiben lässt?
Sie hielt am Waschbecken sich fest!
Im Leben geht so manches quer!

Was für ein schöner ferner Traum
Sie wischte sich die Tränen fort
Mit Seife und mit reichlich Schaum
wusch sie sich ab, den großen Traum
Man rief nach ihr, mit lautem Wort

Und lächelnd lief sie schnell zurück
Ein neuer Kunde wollte Rat
Wo liegt des Lebens größtes Glück?
Sie lief nur ins Büro zurück!
Und tat, was sie sonst immer tat!

Sie sagte JA, sie sagte NEIN
Der Arbeitstag ging schnell vorbei
So musste es wohl immer sein
Ein Leben zwischen JA und NEIN
Ihr Mann kam heim, so gegen 3

Der Schauspieler

Er hatte einfach nur gelacht
Der Schauspieler im letzten Akt
Er sah uns an und hat gelacht
Woran nur hatte er gedacht?
Der Schauspieler im letzten Akt

Er spielte so unsagbar gut
Der Schauspieler gab alles hin
Er weinte auch und zeigte Wut
Ging es ihm wirklich immer gut?
Der Schauspieler gab sich nur hin

Am Ende ging der Vorhang zu
Der Schauspieler schminkte sich ab
Er wollte jetzt nur seine Ruh
Der Vorhang ging für heute zu
Es war ein wirklich guter Tag

Dann ging er heim, tief in der Nacht
Die Frau, die Kinder schliefen schon
Ein Kuss für alle, nur ganz sacht
Denn es war still und es war Nacht,
fernab vom Bühnenmikrofon

Und als er träumte, selbst sich sah,
da spürte er auch Einsamkeit
Wer er im Spiel auch immer war,
er blieb allein dort, unnahbar
Und Frau und Leben schienen weit

Er brauchte den Theaterschein
Die Kinder hatten ihn vermisst
Er wollte jemand anders sein
Ein Leben zwischen Schein und Sein
Er hat die Frau nur sacht´ geküsst

Am nächsten Morgen gegen Acht
ging er zur Probe für sein Stück
Er hat „Adieu" nur leis gesagt
Ging ins Theater gegen Acht
Denn dort, nur dort fand er sein Glück

Er hatte wieder gut gespielt
Der Schauspieler im letzten Akt
Ob er sich wirklich wohl gefühlt?
Wer weiß das schon – er hat gespielt!
Ein Schauspieler im letzten Akt …

Die Partisanin

Ein Grabmal, irgendwo, weit fort
Es ist kein sehr bekannter Ort
Die junge Frau starb hier im Krieg
Ihr Grabstein nur als Mahnung blieb

Sie war noch jung und sie war schön
Doch musste sie so früh schon gehn
Im Kugelhagel , dort am Feld,
hat sie gekämpft für unsre Welt

In einem Himmelsbataillon,
da rächte sie manch toten Sohn
Sie setzte Mut und Leben ein
Und wollt doch nie Soldatin sein

Die Schüsse sind längst schon verhallt
Und damals war´s in Russland kalt
So viele blieben irgendwo!
Im Vaterland, im Nirgendwo!

Ich schau den Grabstein lange an
Hat einst getrauert hier ein Mann?
Hat irgendwo im Taiga-Wind
geweint die Mutter um ihr Kind?

Erfahren wird das keiner mehr
Nur die Geschichte wiegt so schwer
Und schweigend leg ich Blumen ab
An diesem einsam, fernen Grab

All jene Frauen in der Erd,
sie klagen an, vom Blut beschwert!
Nein, niemals ist die Schuld vorbei!
Ich fühl mich schlecht, doch ich bin frei!

So zieh voll Trauer ich nun fort
Von diesem unbekannten Ort
Die Partisanin starb im Krieg
Ihr Grabstein mir als Mahnung blieb!

(In stillem Gedenken
 an die Partisanin
Soja Anatoljewna Kosmodemjanskaja)

Resignation

Mein Leben brachte mir kein Glück
S′ ging abwärts nur, so Stück um Stück
Und Asche rinnt mir durch die Hand
Mein Leben scheint längst abgebrannt

Die Träume waren groß, so groß
Einst fruchtete ein kleiner Spross
Da träumte ich vom klugen Weg
Dass es vielleicht mal aufwärts geht

Ich kam sogar schon ziemlich weit
Ganz kurz sah ich ′ne bessre Zeit
Doch fiel mein Schicksal tief ins Loch
Und kroch auch niemals wieder hoch

Was ich vor Jahren aufgebaut
hat mir der Teufel längst versaut
Der liebe Gott ließ mich im Stich
Nie sah ich ihn, und sein Gesicht

Allein und einsam sitz ich nun
auf meinem Sofa blöd herum
Ganz ohne Kraft und ohne Geld
bleibt draußen alle schöne Welt

Was nutzte mir mein wacher Sinn?
Er brachte keinen Reingewinn!
Was nutzte alles schlaue Wort?
Das trug schon lang das Böse fort!

Ich wollte mal ganz hoch hinaus
Und blieb doch nur 'ne graue Maus
Ein Niemand ohne Glanz und Mut,
der längst ertrank im Selbstbetrug

Der dümmste primitivste Mob
fuhr mit den tollsten Autos fort
Und dümmlich machten die mir klar,
ich wär nur Abfall, und kein Star

Verbannt bin ich im Höllenschlund
Mich pinkelt nicht mal an ein Hund
Nach all den Niederlagen jetzt
zieh ich zurück mich, arg verletzt

Und warte auf den letzten Tag,
wenn mich der Teufel holen mag
Mein Leben blieb ein Augenschlag,
der angefüllt mit Frust und Klag

So bleibt am End ein Trauersang
Mein Spiegel schwieg ein Leben lang
Einst träumte mir vom guten Weg
Doch alles ward vom Wind verweht

Weihnachtsgeschichte

Ein Weihnachtsabend gegen Drei
Das junge Paar sitzt unterm Baum
Ein kleines Kind ist auch dabei
Es ist an Weihnacht gegen Drei
Was für ein schöner Weihnachtstraum

Gleich gibt's Geschenke reichlich, satt
Das Kind, gespannt, ist voll von Glück
Der Weihnachtsmann kommt in die Stadt
Und bringt Geschenke, reichlich, satt
Und Papa kennt den Weihnachtstrick

Er geht hinaus und lächelt leis
Und sagt noch schnell: „Gleich ist's soweit!"
Die Spannung steigt, dem Kind wird's heiß
Der Papa lächelt nur ganz leis
Und so vergeht die Stund, die Zeit

Die Mutter nimmt das Kind zu sich
Und streichelt sacht ihm übers Haar
„Wo bleibt der Papa?", fragt sie sich
Und nimmt das Kind ganz sacht zu sich
Der Weihnachtsmann ist noch nicht da

Der Abend geht, längst schläft das Kind
Es hat nach Papa kurz gefragt
Vorm Hause streicht ein eisig´ Wind
Die Mutter bracht ins Bett das Kind
Und hofft am Fenster voller Klag

Wo bleibt der Papa, wo der Mann?

Warum in dieser Weihnachtsnacht?
Lang schaut im Spiegel sie sich an
Wo bleibt nur unser Weihnachtsmann?
Hat der sich aus dem Staub gemacht?

Am nächsten Morgen klingelts früh
Zwei Polizisten stehn vorm Haus
Sie stelln sich vor und fragen sie
Für manche Nachricht ist's zu früh!
So sieht kein Weihnachtsmorgen aus!

Man fand den Wagen irgendwo,
zerschellt an einer Häuserwand
Da war das Glatteis, einfach so,
in einer Straße, irgendwo
Den Toten man erst morgens fand

Die Polizisten gehen schnell
nach Haus, wo Weihnachtsmusik singt
An jenem Morgen wird's nicht hell
Und mancher Tod kommt eben schnell
Manch Papa nie Geschenke bringt

Das Kind erwacht so gegen Zehn
Und fragt nach seinem Papa bald
Die Mutter bleibt im Zimmer stehn
Es ist an Weihnacht, früh um Zehn
Und in der Wohnung ist's so kalt

Sie nimmt das Kind in ihren Arm
Und drückt es fest ans Mutterherz
Wolln wir zum Weihnachtsmann jetzt fahrn?
Sie hält das Kind ganz fest im Arm
Und schluckt hinunter ihren Schmerz

Und alle Fragen bleiben fort
Es gibt auch keine Fragen mehr
Wo gestern noch ein schöner Ort,
bleibt aller Weihnachtszauber fort
Der Weihnachtsmann kommt nimmer mehr

Sie steigt ins Auto mit dem Kind
„Komm lass nach Papa uns jetzt schaun"
Es weht nur eisig kalt ein Wind
Sie fährt davon mit ihrem Kind
Auch draußen steht manch Weihnachtsbau

Man sieht sie rasen übers Land
Es fällt der Schnee so weiß und dicht
Sie nimmt das Kind fest an die Hand
Es ist doch Weihnachten im Land
Die nächste Kurve sieht sie nicht

Dann ward es still – kein Schnee, kein Wind
Nur einsam steht ein Weihnachtsbaum
Sie stieg ins Auto mit dem Kind
Und wollt zum Weihnachtsmann geschwind
Nur einmal noch den Weihnachtstraum

Und irgendwo zur Weihnachtszeit,
da wartet manches Kind verzückt
auf Papa mit dem Weihnachtskleid
Am Himmel hoch zur Weihnachtszeit
leuchten drei Sterne voller Glück …

Sehnsucht nach Berlin

Sitz auf einer Bank im Park
Durchs Geäst fällt leis der Schnee
Denk mal wieder lange nach
An Berlin, den Schlachtensee

All die letzte Zeit war schön
Meine Jahre in Berlin
Wiedermal den Alex sehn
Übern Kudamm abends ziehn

Küsste dich im U-Bahn-Schacht
Träumte lang am Tegel-See
Glück hat mir Berlin gebracht
Heute fällt nur kalter Schnee

Noch n Kaffee an der Spree
Mit der S-Bahn nach Bernau
Kühler Sekt im KaDeWe
Und noch eine Modenschau

Auf den Fernsehturm bei Nacht
Nein, der Tag reicht hier nicht aus
Durch die Bars bis früh um Acht
Irgendwann mit Dir nach Haus

Abschied an der Autobahn
Noch ein Kuss, ein letzter Blick
Doch sobald ich wieder kann,
komm ich nach Berlin zurück

Träum auf einer Bank im Park
Sehnsucht rieselt durchs Geäst
Mein Berlin, du machst mich stark,
weil du keine Ruh mir lässt

Träne

So manche Träne sieht man nicht
Sie wird geweint nur, irgendwo
Sie ist nicht groß, hat kein Gewicht
Man sieht so manche Träne nicht
Doch kommt sie oft, ganz einfach so

Sie zeigt in unsrer starken Welt,
dass man auch schwach ist, klein und dumm
Und wenn sie uns vom Auge fällt,
dann sehn wir anders diese Welt
Sie sagt so viel und bleibt doch stumm

Sie bleibt bei uns ein Leben lang
Sie kennt das Glück und auch das Leid
Egal, ob kerngesund, ob krank,
Sie ist stets da, ein Leben lang
Manch Seele wird durch sie befreit

Nein, ohne Tränen geht es nicht
Sie ist so wichtig, gut und klar
Sie gibt uns erst ein Angesicht
So manche Träne sieht man nicht,
denn sie ist klein und unscheinbar

Absturz

Vom hohen Ross bist du gefallen
in einen Spalt, der tief und hart
Dir fehlt die Kraft zum Fäuste ballen
Dir fehlt die Kraft zum neuen Start

Von goldnen Ketten, Edelsteinen,
blieb dir doch nichts, als nur du selbst
Und von dem Leben, dem gemeinen,
blieb süßer Schnaps, in dem du schwelgst

Die Träume von der großen Liebe,
zerplatzt bei Sonnenuntergang
Die Zeit der Nacht und dunklen Triebe
verändert dich ein Leben lang

Sturm

Ein Sturm dringt ein in die Gedanken
Er fegt die letzten Tränen fort
Und plötzlich brichst du alle Schranken
Du fühlst dich nicht mehr unverstanden
Brichst auf zu einem neuen Ort

Die Hoffnung birgt stets neues Leben
Geh einfach los, hör auf dein Herz
So vieles kannst du jetzt bewegen
Denn Hoffnung birgt stets neues Leben
Dein Wille treibt dich himmelwärts

Den Wind zu spürn, die Sonne sehen,
dies alles gibt es nicht für Geld
Mensch komm, steh auf, du kannst verstehen
Auch du wirst bald die Sonne sehen
Und kämpfen auch für deine Welt

Ja du bist gut! Weiß um dies Wissen!
Mach deine Träume endlich wahr
Dann wird ein bessrer Tag dich grüßen
Denn du bist gut und willst es wissen!
Dein Leben wird ganz wunderbar

Abschied?

Ich steh auf einer Brücke
Gespenster spielen im Fluss
Im Hirn klafft eine Lücke
Die Seel braucht eine Krücke
Im Hirn nur eine Lücke
Ich habe keine Bitte
Und hab auch keinen Gruß

Die Nacht senkt sich hernieder
Ich wart auf Irgendwas
So fern die Sommerlieder
Ich schau aufs Wasser nieder
Wann kommt die Hoffnung wieder?
Und jene Sommerlieder?
Und aller Lebensspaß?

Die Uhr schlägt Mitternachte
Und Nebel steigt empor
Die Kälte kommt ganz sachte
Du gingst, eh ich es dachte
Warst fort, als ich erwachte
Jetzt schlägt's nur Mitternachte
Ein Spiel, das ich verlor

So gern wär ich gesprungen
Doch größer schien die Angst
Es ist mir nicht gelungen
Und dort, wo wir gesungen
Mit Herz und aus den Lungen
Da bin ich nicht gesprungen
Ob Du wohl um mich bangst?

Es naht der neue Morgen
Ich schrecke hoch, s ist Fünf!
Im Schweiße aller Sorgen
Lieg ich bei Dir geborgen
Im weichen Bett verborgen
Und Du lachst ohne Sorgen
Ich hab noch an die Strümpf

Geister

Nebelschleier hinterm Haus
Alles sieht so anders aus
Kälte in der Dunkelheit
Bis zum Wald ist's nicht mehr weit

Da, Gesichter überall
Und ein seltsam dumpfer Knall
Stimmen fliegen durch die Luft
So, als ob mich jemand ruft

Plötzlich schlägt die Kirchturmuhr
Aus der Zauber, Stille nur
Nur die Tanne strahlt im Glanz
Engel, Elfen, welch ein Tanz

Alte Frau

Sie denkt sehr selten nur an Morgen
Die alte Frau ist ohne Sorgen
Sitzt auf der Bank, vorm Haus, im Tal
Und es ist Frühling, wiedermal

Im Sommer ziehts die Frau zum Garten
Sie will jetzt nicht mehr länger warten
Die Rosen und die Nelken blühn
Sie will nochmal im Tanz sich drehn

Der Herbst zieht ein, die Blätter fallen
Auch Vogelstimmen kaum noch hallen
Die alte Frau ruht sich nun aus
Und Nebel ziehen um ihr Haus

Die alte Frau ist alt geworden
Und jenes Jahr scheint fast gestorben
Der Winter längst am Fenster leckt
Die Bank vorm Haus, von Schnee bedeckt

Besuch am Grab

Der Regen rieselt durch die Äste
Wart auf dem Friedhof ganz allein
Gedanken um des Lebens Reste
stelln kühl in meiner Seel sich ein

Hier ist's so ruhig, endlose Stille
Nur Regen fällt auf manches Grab
So endgültig, ein letzter Wille?
Hier, wo man nichts zu sagen wagt

Da giert und jagt man durch die Zeiten
Da jammert man und will noch mehr
Man spürt nicht, wie die Jahr' enteilen,
wie alt man wird und schwach und leer

Die Jugend ist nicht festzuhalten
Der Reichtum nicht und nicht das Gut
Nichts ist auf ewig aufzuhalten,
weil irgendwann erstarrt das Blut

So will ich Einhalt mir gebieten
Denn viel zu schnell komm ich hierher
Sollt wieder neu mein Leben lieben
und Lieder singen, und noch mehr

Der Regen rieselt durchs Geäste
Und dunkel wird's im Friedhofshain
Was tu ich mit des Lebens Reste?
Schlag hoch den Kragen und geh heim

Flieger

Ich wollt so gern ein Flieger sein
Dort, irgendwo am Firmament
Nur mit dem Wind alleine sein
Wollt ich so gern ein Flieger sein
Zerreißen mir das alte Hemd

Ich wollt so gern ein Flieger sein
Ja, irgendwo am Himmelszelt
Geblieben sind nur Träumerein
So gern wollt ich ein Flieger sein
Und unter mir die ganze Welt

Ich wollt so gern ein Flieger sein
So hoch über dem blauen Meer
Doch blieb auf Erden ich allein
Ich sollt wohl nie ein Flieger sein
Denn Fliegen war für mich zu schwer

Leuchtturm

Irgendwo in ferner Zeit
blinkt ein Leuchtturm in die Welt
Steht so einsam und befreit
Steht so fern von aller Zeit
Und sein Mauerwerk, es hält!

Hab ihn eines Tags entdeckt
Dort am Ufer, dort am Strand
Fand ihn kaum, weil er versteckt
Hab ihn irgendwann entdeckt
Und ich lief durch weißen Sand

Stand vor ihm und sah sein Licht
Und das Meer rauschte im Wind
Plötzlich sah ich mein Gesicht
Dort im hellen Leuchtturmlicht
Vor mir stand ein frohes Kind

Ja, es lachte und es sang
von dem Leben und vom Glück
Sah das Kind minutenlang
Hörte, wie es fröhlich sang
Und ich sang dies Liedchen mit

Und auf einmal ward mir klar,
dass ich doch noch lachen kann
Hier, wo nie ein Mensch je war,
wurde mir so manches klar
Täglich fängt das Leben an!

Wenn sich etwas ändern muss,
geht es nur, wenn ich es tu!
Denn es ist noch lang nicht Schluss,
weil ich´s selbst jetzt ändern muss!
Denn das Leben gibt nie Ruh

Irgendwo in ferner Zeit
blinkt ein Leuchtturm hell und gut
Steht so einsam und befreit
Jenseits aller Lebenszeit
Gibt mir wieder neuen Mut

Wiedersehen

Nach zwanzig Jahrn sah ich sie wieder
Ich hätt sie beinah nicht erkannt
Ich sah sie an, hört' unsre Lieder
Vor zwanzig Jahrn im Wunderland

An jenem Strand, auf fernen Meeren
entbrannte unsre Liebe heiß
Spürt' ihren Blick, den sanften, leeren
Hör ihre Stimme noch ganz leis

Da war so viel, das uns verbunden
So manche Nacht, so manche Zeit
Wir hatten dort die schönsten Stunden
Erinnerungen, die so weit

Ich wollte weinen, lachen, fliehen
an jedem Tag, der neu begann
Wär auf der Insel gern geblieben
Dort, wo wir endlos glücklich warn

Aus uns sind Fremde wohl geworden
Das Meer spült die Erinnerung fort
Was ist in mir, in ihr gestorben?
Wo blieb der märchenhafte Ort?

Spürte beim Abschied ihre Lippen
Im Abendwind, dort, am Gestad
Ein Donner stieg über die Klippen
und durch mein Herz, das längst erstarrt

Wie Eis schien mir der nächste Morgen
Saß im Hotel noch an der Bar
Im Herze noch die alten Sorgen
Mein Kopf, so schwer und nichts mehr klar

Mein Flieger ging in zwei drei Stunden
Ein letztes Mal triebs mich zum Strand
Doch hab ich sie nicht mehr gefunden
Nur ihre Spur blieb mir im Sand

Viel später, auf der langen Reise,
las ich den Brief, den sie mir gab
„Ich lieb Dich noch", stand da ganz leise
„Weil ich Dich nie vergessen hab"

Es war vor zwanzig langen Jahren
Jetzt ist mir klar, es ist vorbei!
Dort, wo wir einstmals glücklich waren,
blieb übrig nur ein „Einerlei"

Überflieger

Jetzt ist die Zeit der Überflieger
Sie fliegen hoch und weit hinaus
Und singen Dir die schönsten Lieder
In feinstem Zwirn, auf heißem Mieder
Jetzt ist die Zeit der Überflieger!
Soweit bin ich vom Heimathaus

Jetzt ist die Zeit der Überflieger
Die sind so jung, so schön, so stark
Und zeigen ihr gar bunt' Gefieder
Wolln mächtig werden, immer wieder
Jetzt ist die Zeit der Überflieger!
Allein sitz ich im herbstlich' Park

Jetzt ist die Zeit der Überflieger
Allseits geliebt, mit stetem Mut
Da, ihre Gärten, reich an Flieder
Es ist die Zeit der großen Sieger
Jetzt ist die Zeit der Überflieger!
Vom Sturm verweht mein Haar, mein Hut

Jetzt ist die Zeit der Überflieger
Sie sind perfekt und lächeln froh
Ihr Haus, gedeckt mit rotem Schiefer
Zur Weihnacht steht die größte Kiefer
Jetzt ist die Zeit der Überflieger!
Und ich zieh weiter, einfach so

Jetzt ist die Zeit der Überflieger
Die Zeit des Mittelmaßes dort
Die Zeit der Dirnen und der Dealer
Es stirbt die Menschheit bald am Fieber
Jetzt ist die Zeit der Überflieger!
Ich leb an einem fernen Ort

Träume der Erinnerung

Schön war's in der großen Stadt
Job, Familie, wunderschön
Dort, wo keiner Namen hat,
lebten sie in jener Stadt
So sollts immer weiter gehn

Doch seit kurzem träumte sie
von dem Ort, der endlos weit
Sah die Kirche, Wald und See
Manche Nächte träumte sie
von der fernen Seligkeit

Sie verstand die Zeichen nicht
Doch es zog sie magisch fort
Und sie sah im Traum ein Licht,
hatte Tränen im Gesicht
Wo nur lag dies Land, der Ort?

Mehr und mehr wollt sie dorthin
Alles schien ihr so bekannt
Wo nur lag des Traumes Sinn?
Warum wollte sie dorthin,
in dies wundersame Land?

Eines Tages brach sie auf
Nahm die Tasche wie in Trance
Nahm den Abschied selbst in Kauf
Schweigend brach sie einfach auf
War das ihre letzte Chance?

Auf dem Weg durch Traum und Zeit
kam nach Irland sie bei Nacht
Lang schien dieser Weg und weit
Irgendwo am Rand der Zeit
wurde sie nach Haus gebracht

In dem kleinen Dorf am Meer
sah es aus wie in dem Traum
Kirche, Wald, sie wollt hierher
In das kleine Dorf am Meer
In das Haus beim Mandelbaum

Nichts war hier wie in der Stadt
Ruhm und Reichtum gab's hier nicht
Wichtig war nicht, was man hat
Wichtig nicht die ferne Stadt,
nur des Mondes fahles Licht

Auf dem kleinen Friedhof dort
stand sie an dem fremden Grab
Hier an diesem stillen Ort
trug sie die Erinnrung fort
Las die Inschrift, die schon matt

Da durchfuhr ein Blitz ihr Hirn
Und sie wusste es genau
Ihre Mutter lag hier drin
Ja, ihr Traum zog sie hierhin,
zu dem Grab der toten Frau

Und sie fühlte sich so gut
Goss die Blumen vor dem Stein
Hatte wieder Lebensmut
Denn sie fand ihr eigen' Blut
Ihre Seele wurde rein

Plötzlich hörte sie von fern,
wie die Mutter leise sang
„Ach, mein allerliebster Stern,
kamst zu mir, doch ich bin fern.
Kamst zu mir, zum weißen Strand"

Lange saß sie noch am Grab
Und sie küsste sanft den Stein
Dort, wo's keine Zeit mehr gab,
dort an Mutters kleinem Grab,
konnt sie endlich glücklich sein

Als sie wieder heimwärts zog,
war voll Liebe sie und Kraft
Und ein Silberwölkchen flog
übers Meer, auf dem sie zog
Ja, sie hatte es geschafft!

Und daheim, dort, in der Stadt,
hatte sie den Sinn erkannt
Wer im Herz sein' Mutter hat,
braucht nicht Geld, nicht Ruhm und Stadt
Nur manch Traum, und Mutters Hand

Verlorene Prinzen

In der Nacht, weit weg von Lieben
und von Leiden
Wo die alten Keller gut Geschäfte treiben
Am Stadtrand, da stehen sie an den Geländern
Ihr Blick wie Eis mit schwarzen Trauerrändern

Sie sind der Tod, die ewig arg Gehassten
Suchen die Gelegenheit, die sie einst verpassten
Nur einen Augenblick, fern bleibt die Liebe
Ein Tanz des Teufels und der verirrten Triebe

Und hinter grauen, kranken Lügenmasken,
schlägt Einsamkeit in eisigkalten Herzen
Zitterndes Hirn, kurz vor dem Tod, dem Ende
Schweigsames Gefühl und keine warmen Hände

Im hellen Licht sind sie wie winzig kleine Motten
Wissend bereits, dass alles lange schon verloren
Der letzte Treff vor aller Hoffnungslosigkeit
Scheint jener Ort,
fernab der bittersüßen Wirklichkeit

Mondloser Abend

Trübe ist der Tag,
der letzte Tag am Meer
Und immer wieder leben meine Träume
Leben in dieser kalten Einsamkeit
Ich bin abhängig zu sehr
von alten Gefühlen
Von Dir, Du alte Liebe

Und ich stehe vor den Trümmern meines Lebens
Ausgebrannte Welt – zerstört
Und jeder Tag vergebens
So flieh ich weit,
ins tatenlose Nichts der Zeit
Und die Ruinen meiner Hoffnung
ragen in die Dunkelheit
Drohen in der tristen Dunkelheit

Leise ist mein Wort,
mein letztes Wort im Wind
Und immer wieder wollt ich's schreien
Umsonst, ich werd doch nie erhört
Was wollt ich immerzu
von meinem Leben
Ich kann jetzt nur noch schweigen

Und ich stehe vor den Trümmern meines Lebens
Aufgebaute Welt – zerstört
Und jeder Tag vergebens
So flieh ich weit,
ins tatenlose Nichts der Zeit
Und die Ruinen meiner Hoffnung
ragen in die Dunkelheit
Drohen in der tristen Dunkelheit

Ein Clown

In der Garderobe, ganz allein
Ein Clown, schon alt und ziemlich bunt
Schaut in den Spiegel lang hinein
In der Garderobe, ganz allein
Zu seiner allerletzten Stund

Mit weiß geschminktem Angesicht
schaut er sich bitter schweigend an
Warum nur ist so hell das Licht?
So weiß und trist sein Angesicht!
Was für ein Narr! Ein alter Mann!

So viele Jahre war es so
Die Bühne und die schöne Schau
Jetzt sitzt er hier und scheint nicht froh
So viele Jahre, einfach so
Sein Haar ist dünn und auch schon grau

Die Kinder hatten ihn geliebt,
als er noch sang vom großen Glück
So manches laute Frühlingslied
sang er mit Kindern, die so lieb
Jetzt schweigt er hier im letzten Stück

Sein Leben war die Zirkusluft
Ein ANDRER sein, das wollte er
Er spürt, wie etwas nach ihm ruft
So fern von aller Zirkusluft
Im Herze wird's ihm ach so schwer

Er kann doch nicht so einfach gehn,
dorthin, wo er nicht spielen kann!
Soll aller Spaß mit ihm verwehn?
Soll man denn wirklich wortlos gehn?
Er ist ein Clown, ein Zirkusmann!

Doch bleibt ihm keine Antwort mehr
Von fern noch hört er den Applaus
In der Garderobe ist's so leer
Hier gibt es keine Antwort mehr
Und er geht niemals mehr hinaus

Ganz dicht rutscht er zum Spiegel hin
„Wo ist mein Lachen?", fragt er sich
Wo ist all das, was ich noch bin?
Der Spiegel flüstert leis zu ihm:
„Du bleibst ein Clown, gar vorbildlich!"

Und lächelnd lehnt er sich zurück
Ein letztes Mal schminkt er sich ab
Es war sein allerhöchstes Glück
Zufrieden lehnt er sich zurück
Hier vor dem Spiegel ward sein Grab

Phoenix

Traf Dich in der großen Stadt
Dort in Phoenix, irgendwo
Dort, wo keiner Namen hat
Irgendwo in dieser Stadt
Fragt' ich Dich ganz einfach so

Dein Gesicht, Dein blondes Haar
Und Dein Lachen, sonderbar
Alles war wies niemals war
Wie Dein Lachen unterm Haar
Wollte bleiben, völlig klar!

Ach, wir tanzten durch den Tag
Durch die wundervolle Stadt
Dort, wo keiner Namen hat
Sangen wir durch diese Stadt
Und wir stellten keine Frag

Irgendwann der erste Kuss
Blondes Mädchen, irgendwo
Niemand dachte an den Schluss
Dort in Phoenix dieser Kuss
Und wir waren glücklich, froh

Da, im Radio, dieser Song
Deine Stimme war's, ein Traum
Phoenix, Du, nun komm doch schon!
Oh mein Gott, was für ein Song!
Und wir kannten uns doch kaum

Doch mein Herz schlug anderswo
Wollt nach Westen, weiterziehn
Ja, wir waren glücklich, froh
Blondes Mädchen, irgendwo
Du warst unbeschreiblich schön

Eines Tags, da spürte ich
Dieses Fernweh nach Asphalt
Wusste doch, ich liebe Dich
Doch es schien absonderlich
Phoenix macht mich nicht mehr alt

Lächelnd nahm ich Deine Hand
Küste Deine Tränen fort
Als mein Pickup dann verschwand
Winktest Du mit schwerer Hand
Und bliebst stehn noch lang am Ort

Phoenix lag lang hinter mir
Must nach Westen weiter ziehn
Irgendwann, so gegen Vier
Schrieb ´ne SMS ich Dir
Willst Du denn nicht mit mir gehn?

Doch du schwiegst, mein Phone blieb stumm
Und ich war schon weit, so weit
Dachte schon, Du nimmst mirs krumm
Diese Trennung, die so dumm
Lang vorbei schien unsere Zeit

Da, im Radio, dieser Song!
Diese Stimme, das warst Du!
Riefst nach mir: „Nun komm doch schon!"
Oh mein Gott, was für ein Song!
Und vorbei war's mit der Ruh!

Wendete den Wagen schnell!
Fuhr zu Dir, mein Phoenix-Star!
Jene Stund war hell, so hell
Fuhr zu Dir, nach Phoenix schnell!
Plötzlich schien das Leben klar!

Irgendwo am Straßenrand
Standst Du noch und winktest mir
Habe Dich sofort erkannt
Tränenschwer am Straßenrand
Jetzt bleib ich für immer Dir!

Traf Dich in der großen Stadt
Dort in Phoenix, irgendwo
Wo das Glück 'nen Namen hat
Dort in dieser Riesenstadt
Wurden wir gemeinsam froh

Und der Westen blieb nicht fern
Nach Los Angeles wir zwei!
Blondes Mädchen, Du mein Stern
Hollywood war nicht mehr fern
Phoenix machte uns so frei!

Immer auf der langen Fahrt
Mal nach West und mal nach Süd
Unsre Herzen blieben stark
Wir zwei auf der großen Fahrt
Weil ich Dich für ewig lieb!

(Für Elli)

Stich im Herz!

Ich fuhr hinaus in jene allzu fernste Ferne
mit meinem Rad und ich verfuhr mich
irgendwann
Ich suchte meine viel zu unbekannten Sterne
Und wollt doch nur hinaus in jene fernste Ferne
Und spürte einen Stich in meinem Herz, sodann

Ich fiel vom Rad und sah mich plötzlich sterben
Von oben konnt ich mich da unten liegen sehn
Ich wollte nicht
und hatte auch nichts zum vererben
Ich lag nur da
und sah mich plötzlich ewig sterben
Und konnte diesen Augenblick
nicht mehr verstehn

Da zog manch Traum vor mir durch alle Zeiten
Sah mich als Kind und auch manchmal
als großen Clown
Doch wollte ich so gern
in dieser Welt noch bleiben
Und nicht entfliehen vor den fernen,
guten Zeiten
Ich spürte einen Stich
in meinem großen Lebenstraum

Wie ich so lag, kam da ein alter Mann des Weges
Er sah mich an und lachte leis in sich hinein
Er war nur da,
kam wohl den langen Weg per pedes
Wie ich so lag, kam da ein alter Mann des Weges
Und hielt in seiner Hand 'nen dunkelblauen
schönen Stein

Er sprach mich an,
war ich etwa noch nicht gestorben?
Ich sollt ihn sehn, den Stein des Lebens
und der Zeit
Ich wär durch ihn dereinst
ein kluger Mann geworden
Doch im Moment fühlt ich mich
viel zu arg gestorben
Der alte Mann jedoch erhörte nicht
mein klagend Jammerleid

Er legte schnell den Stein in meine kalten Hände
Und plötzlich zogen alle Tränen
und auch alle Ängste fort
Alsbald entschwand er wie ein Nebel
da in dem Gelände
Er drückte jenen Zauberstein
in meine frierend Hände
Und ließ mich zurück
an diesem magisch tristen Ort

Da wuchs die Kraft aus meinem Innern
und aus meiner Seele
Sie wuchs empor
und ich erhob mich ohne alle Klag
Und wenn ich´s mir heut
einsam irgendwo erzähle,
wächst jedes Mal die unbekannte Kraft
in meiner Seele
Und es erwacht aus jedem Morgen
auch ein guter Tag

Ich fuhr nach Haus,
war wohl ein neuer Mensch geworden
Mein Herz schlug gut
und alles war so reich an Sinn
Wär ich tatsächlich
dort im Feld vielleicht gestorben,
hätt nie erlebt ich so manchen
wunderschönen Morgen
Und alle Träume
und die Hoffnung wäre längst dahin

Es war der Stein, es war der fremde,
mysteriöse Alte,
der mir die Kraft und meinen Stolz
zurückgegeben hat
Und wenn im Spiegel
ich entdeck so manche Lebensfalte,
wollt ich so sein wie jener gute unbekannte Alte,
der mir gezeigt,
dass alle Hoffnung doch niemals ein Ende hat …

Wagnis

Blicke aus der schmalen Tür
Draußen ist es Tag, ist's Tag
Irgendetwas ist in mir
Denke mich bis vor die Tür!
Was dahinter liegen mag?

Regen zog ganz schnell vorbei
vor der kleinen Wohnungstür
Irgendwann, des Nachts um Drei,
zog wohl Regen kurz vorbei
Und ich bin noch immer hier

Manchmal geh ich kurz hinaus
Zwei, drei Stunden, einfach so
Klein und fern liegt dann mein Haus
Selten nur geh ich hinaus
Denn dort drin bin ich nicht froh

Würd so gern spazieren gehn
über Felder, durch den Wald
Mit dem Fahrrad Kurven drehn,
durch die Welt spazieren gehn
Doch da draußen ist's so kalt

Und die Fenster sind so dicht
Selten öffne ich sie weit
Sonne, Mond, ich seh sie nicht,
weil die Fenster ständig dicht
Und es geht die Lebenszeit

Auf dem Sofa ist´s so trist
Und die Hüften werden fett
Trauer, weil mich niemand küsst
Auf dem Sofa bleibt´s stets trist
Und der Schlüssel klingelt nett

Plötzlich halt ich´s nicht mehr aus
Springe auf und renn zur Tür
Nehm die Jacke, renn hinaus,
denn ich halt es nicht mehr aus
Und es hält mich nichts mehr hier!

Zwischen Wiesen und dem Feld
atme ich die Freiheit ein
Nein, zum Fliehen braucht´s kein Geld
Irgendwo auf einem Feld
kann man gut Zuhause sein

An den Mond

Oh Du wundervoller Mond
Als goldene Scheibe hängst Du heut tief
Am nachtschwarzen Firmament
Doch dunkle Schleier beginnen
Dich zu umhüllen und mir wird's kalt
Und schwärzer wird's um mich
Geheimnisvolle Stille
Aber Du bist ja noch da!
Dein Glanz ist niemals Dir genommen
Und niemand nimmt ihn jemals Dir
Oh Du wunderbarer Mond
Spiegelbild am nächtlichen Gestade
Ich sitz auf dem Bootssteg und träum mit Dir
Bist mir geblieben als Licht, dass immer da war
In nachtschwarzer Dunkelheit und der
Unendlichkeit der Angst
Vertreibst die dunklen Schleier mir
von meiner Seele
Jedoch Dein Licht ist mir so kalt
Und fern bist Du, ach Mond, ferner Geliebter
Ich sah Dich nie nah vor mir
Nur Dein Gesicht, dort oben
Und in meinen Träumen stell ich mir vor,
ich wär bei Dir
Und in der märchenhaften Stille
hast Du mich verzaubert
in jenem unfassbaren Universum
Komm, lass mich schweben
mit Dir zusammen
Doch bald wird's Tag, der Träume Ende

Wolken

Wolken vor dem Mond
Ob das Warten sich noch lohnt?
Viel entzieht sich meinen Blicken
Wird mir die Erkenntnis glücken?
Ich zieh nicht aus freien Stücken
Wolken vor dem Mond

Wolken vor dem Mond
Angst kommt auf, die sich nicht lohnt
Hat sich doch ins Hirn geschlichen
Kurz ist auch mein Traum verblichen
Sehr viel Zeit ist schon verstrichen
Wolken drohn vorm Mond

Wolken vor dem Mond,
der ruhig dort am Himmel thront
Endlich hab ich mich entschieden
Bin trotz allem hier geblieben
Will nicht kampflos gehn gen Süden
Klar scheint nun der Mond

Warten

In der Nacht ist kein Mond zu sehn
Ich bleib noch immer am Fenster stehn
Und schau zur Uhr
Du bist noch nicht gekommen
Wird sich mein Warten lohnen?
Kein Mondlicht, nichts
Was ist passiert? Wo bleibst Du nur?

In der Nacht bleibt mein Haus allein
In meiner Hand – die Flasche Wein
Schon halb geleert
Ich weiß nicht, ob es Sehnsucht ist,
was da an meiner Seele frisst
Und es beginnt ein leiser Regen
Und ich warte und alles scheint verkehrt

In der Nacht ist mein Bett so leer
Manch wirrer Traum, im Wein ertränkt
Ich träum Dich her
So viel hatt ich mir ausgemalt
Ob doch noch meine Sonne strahlt?
Der rauschende Wald macht alles so schwer

Einsicht

Du glaubtest mal, schlecht wär die Welt
Verrückt, verboten und zu blöd
Dir fehlte Mut, Dir fehlte Geld
Dein Leben schien vom Wind verweht

Du gingst auch nie zu früh ins Bett
Du hättest wohl etwas verpasst
Hast nur gelächelt lieb und nett
und manchen Text umsonst verfasst

Du sagtest oft: „Ich geb nicht nach!"
Man braucht ein Ziel, dann lebt sich's gut
Denn Du bist Mensch und Du bist wach
Doch bist nicht mehr jung genug?

Du glaubtest stets, hässlich zu sein,
weil niemand mit reden wollt
Doch blieb Dein Leben gut und fein
Du hattest eine Uhr aus Gold

Jetzt bist Du anders und bist alt
Doch tot bist Du noch lange nicht
Und ist die Welt mal dumm und kalt,
bewahrst Du nun Dein Angesicht

Herbst

Der Mond ist lang nicht mehr zu sehn
Ich geh am Rain entlang
Und schau ins Nichts
Die Jahre sind vergangen, so sinnlos
Und meine Uhr trage ich schon lang nicht mehr
Ich hab nur meine Träume
Doch ich weiß es längst
Herbst ist's nun geworden

Der Himmel zieht sich seltsam zu
Ich geh zum See hinunter
Und schau ins Nichts
Zu lang bin ich allein geblieben
Wo ist das Lachen aus der fernen Kinderzeit?
Ein Wind kühlt meine Seele
Und ich weiß es längst
Herbst ist's nun geworden

Wolken ziehen durch die schwarze Nacht
Regen fällt hernieder
Und ich schau ins Nichts
Schon balde ist's am Rain zu feucht
Meine Schritte werden schwach und schwer
Ich geh zurück zum Hause
Ja, ich spür es längst
Herbst ist's nun geworden

Sonett

Du hast gelernt, Kälte zu zeigen
Lass bloß Gefühle nicht mehr zu!
Hast geübt, Tränen zu verschweigen
Keiner bringt Dich aus der Ruh

Die Jahre sind ins Land gezogen
All jene Zeit bliebst Du allein
Du lachst nicht mehr, fühlst Dich betrogen
von dieser Welt. Dein Herz, ein Stein!

Drum lass Dein Leben nicht vergehen
Nicht einen Tag, nichts kommt zurück
Lass Dir niemals Dein Lachen nehmen

Du kannst noch so viel Liebe geben
Und fühl - Du bist! Erkenn dies Glück!
Sonst wirst Du nur im Hass vergehen!

Wind

Zum zehnten Mal der Blick zur Uhr
Wo bleibst Du nur?
Wollt heute nicht alleine bleiben
Und nicht nur tausend Briefe schreiben
Du bist nicht da und wolltest heute kommen
Und wieder streicht der Wind ums offne Fenster

Dann bist Du da, die Uhr ist lang vergessen
Wie schön das ist
Und doch will sie nicht gehen
Diese endlose Leere in meinem Kopf
Ich fühl mich wie ein dummer alter Tropf
Und lautlos streicht der Wind ums offne Fenster

Warum keine Idee, kein glühend heißer Funke?
Noch bist Du da
Und willst auch nicht mehr gehen
Ich will jetzt einfach nicht mehr weiter denken
Und werd Dir einfach meine Liebe schenken
Und plötzlich kommt der Wind
durchs offne Fenster

Gedanken am Morgen

Und wieder ist es Morgen
Gerade mal halb Sieben
Und wieder bin ich nachts wach geblieben
Zuviel gegessen gestern Abend?
Zuviel getrunken?
Es war so gegen Vier – da trieb mich die Angst
aus dem Bett
Was ist, wenn ich doch nicht mehr gesund bin?
Welchen Sinn hätte dieses Leben dann wohl
noch?
So treibt es mich in den Tag, den tristen
Und ich spür, dass ich nicht wach bin
Der Fernseher bleibt oft der einzige Freund
Mammutfernsehen
Briefe schreiben an die Welt, und Gott
Nichtgebrauchtsein, von keinem
Und doch von einem, der Mutter
Sie hatte mich stets so geliebt
Sollte ich wirklich so krank sein?
War's nicht nur ein alberner Alptraum?
Verrückte Gedanken
Und die Welt zerfällt zu Asche
In ihre Einzelteile
Ich steigere mich in wirre Träume
Bis zum Zitterkrampf manchmal – Panik überall!
Was kann das nur sein?
Psychosen oder nicht – ich muss mich fangen!
Und da: Schritte vor dem Haus!
Autotüren knallen
Stimmengewirr, Wortfetzen

Plötzlich zerreißt ein Motorengeräusch den Tag
Dann ein Quietschen – ein Unfall?
Dann eine Polizeisirene
Ein Unfall, wo?
Bei mir ist's ruhig
Doch dann war's doch nur Einbildung
Der Fernseher vorm Bett schrie bis halb Zwei
heut Nacht
Irgendjemand muss doch mit mir reden
Die Zeitung tut es lange schon nicht mehr
Ich muss Menschen sehen
Die Fremden und die bekannten – Menschen!
Und ich seh die jungen Leut
von meinem Fenster aus
Sie fahren vorbei mit ihren Autos und ihren
tollen Ideen
Ich wäre gern noch mal wie sie
So unbefangen und so frei
So frei, wie ich nie war
Meine Gedanken drehen sich wild im Kreis
Nur wenn Mutter kommt,
kommt auch ein bisschen Mut
Und manchmal auch der Satz –
ich sollte mich nicht hängenlassen
Andere haben auch zu tun
Mit sich und auch mit anderen
Leicht wird's keinem heut gemacht
Und Mutter lacht – nimms nicht so schwer
Auch mein Kopf bleibt schwer
Viel zu schwer
Manchmal wird mir die Luft so knapp
Dann denke ich, ich erstick an diesem Mief

Dabei brauch ich doch nur aufzustehn und
einzuatmen- tief, ganz tief
Die Gedanken drehn sich wild im Kreis
Manchmal kommt Wut auf
Ich erschrecke vor mir selbst
Und wieder ist sie da, die Angst
Dann steh ich vorm Spiegel
Und schau in mein Gesicht
Ist da nur Leere? Wirklich nur die Leere?
Nein, da ist noch mehr, sehr viel mehr!
Da schaut mich ein Leben an
Ein wildes, manchmal ausgefülltes, oft
eintöniges, selten bösartiges, mehr gutes
Leben! Meines ist´s!
Ich bin nicht zu dumm für diese Welt
Das wird mir plötzlich klar
Und wohl auch nicht zu hässlich
Vielleicht manchmal zu arm
Und immer viel zu hungrig
Ich suche nach dem rechten Pfad
Nach einem Weg, der ans Licht führt,
irgendwann
Vielleicht schon morgen
Vielleicht schon bald
Und wenn ich unter die Dusche tret,
dann ist mirs, als werd ich neu geweckt
Und dann beginnt ein neuer Tag,
ein völlig neues Leben
Irgendwo, in fernster Ferne und doch ganz nah,
denn es ist mein Zuhause
Dort am Ufer meiner Träume steh ich selbst
Und ich lache und ich singe die schönsten Lieder

Und Mutter sagte immer:
„Du schaffst das schon!
Du bist so stark!"
Ja, ich bin wirklich stark!

Tränen

Tränen, schönes Land
Ein Abschiedswort!
Und wieder steht ein lieber Mensch in bunten
Hausschuhn vor der Tür
Im Regen, winkt ein letztes Mal, ade, viel Glück
Komm doch recht bald zurück
Wer weiß, es wird wohl nie mehr sein
Ich bleib in meiner Welt allein

Tränen, fernes Land
Leerer Horizont!
Dies Gesicht, das ich stets bei mir hatte
Nur die Erinnerung in mir,
sie bleibt für immer wach - ade Du Glück
Wir hatten uns so gut verstanden
Und manchmal warns auch harte Worte
Ach, warum
Ich hab Dich doch so sehr gebraucht

Tränen, weites Land
Die Zeit des Lebens geht vorbei
Und nimmt uns mit
Und sie nimmt so Vieles uns
Der kalte Wind treibt feuchtes Laub
Ade, viel Glück
Du hast so oft durchweint die Nächte
Dass mich ein Zug nach Hause brächte
Ich seh Dich lächeln durch zerbrochene
Fensterscheiben meiner neuen kalten Welt

Alter Mann

Es ist so still um ihn, so still
Der alte Mann sitzt schweigend da
Er weiß genau, was er noch will
Doch er sitzt da und ist nur still
Und denkt vielleicht, wies damals war

Vielleicht erinnert er sich jetzt
an jene Zeit, als er noch jung
Und plötzlich scheint sein Aug benetzt
Woran erinnert er sich jetzt?
An Liebe oder neuen Schwung?

Er sagt es nicht, er schweigt ganz still
und räuspert sich nur einmal laut
Die Zeit vergeht auch ohne Ziel
Er weiß genau, was er jetzt will,
als er zum Fenster heimlich schaut

Mein Weg

Was ist geschehen
Ich steh wieder auf der Bühne
Und ich spür wieder das Lampenfieber
Und ich schau wieder in die Menge,
die ich so brauch, damit ich leben kann
Jetzt steh ich hier und ich schau ins Licht
Jetzt bin ich hier mit vielen Narben im Gesicht

Und ich brauche diesmal keine Schminke
Sollt ihr doch sehen, wie meine Jahre warn
Ich hab gelebt, gekämpft
Und auch so viel geweint in meinem Leben
Was geschehen?
Nein, es ist nichts gewesen!
Ich bin jetzt da und ich lebe neu!

Was ist geschehen
Ich stehe wieder vor dem Vorhang
Und ich lebe alle meine großen Träume,
die ich so brauch, damit ich leben kann
Nun bin ich hier und schau ins Licht
Nun bin ich hier
Nach all den Schlägen ins Gesicht

Und ich brauche diesmal keine Schminke
Die verdeckt doch nur mein wahres ICH
Ich war mal oben und war auch öfters unten
in meinem Leben! Was ist geschehen?
Nein, es ist nichts gewesen!
Ich bin jetzt da und ich lebe neu!

Was ist geschehen
Ich singe wieder meine Lieder
So viele Texte, die ich schon geschrieben
Die ich so braucht, damit ich leben konnt
Bin wieder da und schau ins Licht
Bin wieder hier
Die Zeit scheint schon im Sand verwischt

Und ich brauche diesmal keine Schminke
Das Tor der Hoffnung ist hier, wo ich jetzt bin
Und wenn ich an die vielen Jahre denke,
seh ich mein Leben
Was ist geschehen?
Nein, es ist nichts gewesen!
Ich bin jetzt da und ich lebe neu!

Manchmal

Manchmal bist Du so allein
Irgendwo am steilen Hang
Fühlst Dich schwach und auch so klein
Und die Zeit macht Dich so krank

Nichts geht Dir mehr von der Hand
Alles scheint so schwarz und tot
Tief im Herzen tobt ein Brand
Deine Seele ist in Not

Hinter Dir steht manches Leid
Vor Dir nur der kalte Tod
Bist zum Sterben nicht bereit
Längst verdorben ist Dein Brot

Jenseits scheint Dein Glück, Dein Heil
Dunkle Wolken ziehn dahin
Bietest auch kein Lachen feil
Und es fehlt an Lebenssinn

Blitze zucken durch die Nacht
Hagel schlägt Dir ins Gesicht
Hast Dich um manch Traum gebracht
Dunkel ist's, es fehlt an Licht

Du willst fliehn aus dieser Welt
Springst aus jenem Traum sodann
Das, was trotzdem für Dich zählt
bleibt der Traum vom Supermann …

Was ist Zeit

Was ist die Zeit, die uns umgibt
Ist sie ein Traum, den man nicht sieht
Ist sie das Leben, gar der Tod
Ist sie vielleicht das Täglichbrot
Ist sie auch das, was um uns blüht

Sie ist von allem nur ein Stück
Die Zeit ist da, ist unser Glück
Sie ist ein Fluch und unser Tag
Und was ich immer denken mag,
was gestern war, kehrt nie zurück

Eine Frau

Mit einem Ordner in der Hand,
auf einer Angeklagtenbank,
saß sie, so jung und traurig noch
Man schob sie ab ins finstre Loch

Drei Kinder waren tot, so tot
Man sah es nicht- sie war in Not
Sie hat die Leichen gut versteckt
Weil man die Toten nicht mehr weckt

Ganz still gebar sie alle drei
Und keiner sah wohl zu dabei
Ihr Mann verdiente Geld, weit fort
Er war wohl stets am fremden Ort

Die Totgeburten warn so schlimm
In keinem Kind war Leben drin
Ganz leis gebar sie alle drei
Beim Sterben war niemand dabei

Die Einsamkeit im Heimathaus
hielt sie sie so selten tapfer aus
Sie war nicht schlecht und auch nicht dumm
Und saß nie hilflos einfach rum

Sie sehnte sich nach Harmonie
Gefunden hatte sie das nie
Sie weinte auch und wurde hart
Ob manches Leben Sinn noch hat?

Acht Jahre Knast – der Richterspruch
Die enge Zelle scheint ihr Fluch
Manch Zigarettenlängen sind
vielleicht Ersatz fürs tote Kind

Dort wo kein Glück die Träume weckt
hat sie sich Tränen gut versteckt
Ein viertes Kind bekam sie dann
Es blieb bei ihrem fernen Mann

Im Fenstergitter pfeift ein Wind
Sie schaut hindurch und weint und singt
Sie war so jung und traurig noch
Und saß allein in diesem Loch

So manche Frau bekommt ein Kind,
das nicht mehr lebt und stirbt geschwind
Es bleibt ein Ordner, dort im Schrank
Und manche Angeklagtenbank

Verkündung

Erwartungen ans große Glück
Erwartungen an mich und mich
Dem Traum entgegen, nur ein Stück
Einsamkeiten sicherlich

Sehnsüchte nach Lummerland
Kermid sein – ein Frosch, und grün
Auf dem Weg und unbekannt,
durch die großen Welten ziehn

Hab mirs immer vorgestellt
Wollte viel und noch viel mehr
Weil man so schnell runter fällt,
fiels Verzichten manchmal schwer

Wusste doch, da wartet was,
das wohl niemals warten kann
Doch ich brauchte Lust und Spaß
Und ich bin kein Supermann

Mich ziehts fort, ins ferne Land
Diesmal weiß ich es genau
Weil ich mich wohl wiederfand
Dort, wo aller Himmel blau

Ostergedanke

Wieder tanzt du durch die Wiesen,
die so grün und saftig sind
Willst das Fest, das Glück genießen
Dir den Ostertag versüßen
Fühlst Dich wie ein Sonntagskind

Doch vielleicht denkst du an jene,
die jetzt gar nicht fröhlich sind
Die nicht haben all das Schöne
Wenn du bangst um alle jene,
dann bist du ein Gotteskind

Gotteskind

Sonne über meinen Träumen
Überall des Meeres Blau
Liebe unter Mandelbäumen
Mitten drin in besten Träumen
Nirgendwo ist's trüb und grau

Doch die Ruhe trügt behände
Dunkle Wolken ziehen auf
Irgendwas lähmt mir die Hände
All die Schönheit trügt behände
Es beginnt ein Hürdenlauf

Mir wird's heiß und kalt und bange
Schweiß perlt krank mir von der Stirn
Bin im Würgegriff der Schlange,
die umschlingt mich ziemlich lange
Und ein Blitz zuckt durch mein Hirn

Jener Blizzard wird noch kälter
Friert mich in der Hölle ein
Werd sekündlich immer älter
Unterm Eis, erstickt die Wälder
Nein, ich will kein Opfer sein!

Da, der Teufel fährt hernieder
Trifft mich in mein Herze tief
Schwefeldampf statt Duft von Flieder
Todesschreie immer wieder
Was ging da im Leben schief?

Fall hinein ins Bodenlose
Liebe Hoffnung, halt mich fest!
Ohne Hemd und ohne Hose
falle ich ins Bodenlose,
bis der Mut mich fast verlässt

Mit den allerletzten Kräften
bete ich zum Jesus auf
Und alsbald in neuen Säften
komm ich wieder neu zu Kräften
Zieh mich langsam hoch hinauf

Bis ans Licht ich wieder strebe
Bis ich spür den frischen Wind
Bis ich wieder richtig lebe,
weil ich nach den Träumen strebe
Denn ich bin ein Gotteskind!

Irgendwas

Mondlicht über Hollywood
Träume fliegen in die Nacht
Warte auf das Morgenrot
Irgendwo in Hollywood
Und ein Lied erklingt ganz sacht
Irgendwo in dunkler Nacht
Ja, ich fühl mich gut, so gut

Um mein Haus streicht kühl der Wind
Sehnsucht schleicht sich in mein Herz
Ach so gern wär ich noch Kind
Hollywood im Abendwind
Hoffnung hab ich tief im Herz
Sehnsucht atmet himmelwärts,
weil in mir das Glück beginnt

Lichter dort, am Horizont
Hollywood, da, bei den Hills
Dort, wo meine Liebe wohnt,
meines Lebens Horizont
Bin am Anfang eines Spiels
Dort in jenen grünen Hills
tanz ich, bis der Morgen kommt

Hollywood im schönsten Glanz
Meine Liebe ist so nah
Lieder, Leben, schönster Tanz
Und die Hills im besten Glanz
Alles scheint so wunderbar
Hollywood, bist mir so nah!
Heute Nacht will ich Dich ganz!

Phönix

Einsam sinkst Du in die Nacht
Hast zu lange nachgedacht
Irgendwo vergehst Du dann
Irgendwie und irgendwann
Hörst nur, wie der Satan lacht

Alles fort und längst vorbei
Spürst nur Angst und bist nicht frei
Regen glänzt auf dem Asphalt
Und Du fühlst Dich viel zu alt
Deine Uhr zeigt kurz nach Drei

Da erscheint am Firmament
jemand, der Dich sehr gut kennt
Einem Silberschweife gleich
kommt er aus dem fremden Reich
Dort, wo alles Leben brennt

Senkt sich nieder auf Dein Haupt
Hattest Du ihm je vertraut?
Und Du hebst Dein Aug empor,
Deine Seel, die fast erfror
Ach, Dein Haar ist fast ergraut

Jener Fremde lächelt nur
Fort die Zeit, vorbei die Uhr
Kraftvoll stehst Du wieder auf
Es beginnt Dein Siegeslauf
Deine allerbeste Tour

Fühlst Dich nicht mehr so allein
Du wirst nie mehr Asche sein!
Breitest Deine Schwingen aus
Kommst aus Deinem Schneckenhaus
Nein, Dein Herz war nie aus Stein

Dieser Fremde nimmt Dich mit
Du begreifst - das ist kein Trick
Deine Hoffnung macht Dich stark
Es beginnt ein neuer Tag
Es beginnt Dein großes Glück

Die Fremde

Mit einem Wagen, einem Pferd,
kam sie hier an und es war Nacht
Sie glaubte wohl an einen Gott
Und kam so still an jenen Ort
Und hatte auch nichts mitgebracht

Sie hatte nicht mal einen Herd
Und keiner nahm Notiz von ihr
Sie war zwar da, blieb doch allein
Sie sollte wohl so einsam sein
Es blieb auch still vor ihrer Tür

War ihr Besuch vielleicht verkehrt?
Warum nur sprach sie niemand an?
Da hab ich Blumen ihr gebracht
Wir redeten so manche Nacht
Sie war allein und ohne Mann

Sie schien mir fröhlich, unbeschwert
und war eine Zigeunerin
Ihr Kleid gefiel den Leuten nicht
Schlecht fand man auch ihr Angesicht
In ihrer Börse war nichts drin

So Vieles hat man ihr verwehrt
Sie passte einfach nicht dazu
Die Menschen mochten sie nicht sehr
Sie kam von weit, von sehr weit her
Und hatte keine schönen Schuh

Sie hatte Gott sich zugekehrt
Und als ich eines Morgens kam,
da war sie fort und nicht mehr da
Leer lag der Platz, wo sie einst war
Vom Himmel leis der Regen rann

Mit ihrem Wagen und dem Pferd
fuhr sie davon, ganz ohne Mann
Sie liebte Blumen, die Natur
Vielleicht war sie ein wenig stur
Sie fuhr davon und kam nie an

Am Strand

Irgendwo in ferner Nacht
hab ich nur an Dich gedacht
Wo nur magst Du jetzt wohl sein?
Trinkst Du Wasser oder Wein?

Hier am Strand von Irgendwo
bin ich irgendwie nicht froh
Tränen rinnen in den Sand
Du bist weit, im fernen Land

Träum mich übern Ozean
Ein Gefühl hält mich im Bann
Von San Diego bis zu dir
sind's 3 Stunden oder 4

Doch der Mond raunt nur „Adieu",
weil ich Dich nie wieder seh
Warte bis zum Morgenrot
und begreif - Du bist längst tot

Hofgang

Häftling Nummer Drei-Vier-Acht
zieht durch Regen und die Nacht
Zwanzig sind sie an der Zahl
Gehen durch ein tiefes Tal
Stolpern durch die dunkle Nacht

Keiner fragt sie, sie sind stumm
Laufen nur im Kreis herum
Irgendwo in einem Knast
haben sie die Zeit verpasst
Laufen nur im Kreis herum

Und der Häftling schaut sich um
Läuft nicht aufrecht, läuft so krumm
Und der Wärter schreit ihn an:
„Los geh weiter, schneller, Mann!"
Er läuft weiter, ängstlich, krumm

Dabei träumt er nur vom Glück
Von der Freiheit, nur ein Stück
Doch der Traum stirbt in der Nacht
Niemals mehr die Sonne lacht
Von der Freiheit gibt's kein Stück

Damals war's, er wurde schwach
Dachte wohl nicht lange nach
Schoss auf Menschen, zwei- dreimal
Schoss sich selbst ins Jammertal
Nein, er dachte gar nicht nach

Für Sekunden unbedacht
Für ein Leben in der Nacht
Regen im Laternenlicht
Nein, die Freiheit gibt's hier nicht
Nur die furchtbar kalte Nacht

Und er zittert und er friert,
bis man ihn zur Zelle führt
Mit fünf andern ist er dort
Nein, das ist kein schöner Ort
Wärter sind so ungerührt

So vergeht das Jahr, die Zeit
Freiheit ist unendlich weit
Häftling Nummer Drei-Vier-Acht
weiß nicht, wie die Sonne lacht
Und die Hoffnung ist so weit

Irgendein Artikel schreibt:
„Häftling starb in Dunkelheit!"
Wohl war's auch kein guter Mann
Ward gefunden irgendwann
Tristes Ende einer Zeit

Besuch bei ihr

Lachend lief sie auf mich zu
Im neuen Kleid, mit schönem Schuh
Sie fiel mir um den Hals vor Glück
Für einen Tag kam ich zurück

Lange sahen wir uns nicht
Älter schien mir ihr Gesicht
Sorgenfalten tief darin
Ja, sogar ein Doppelkinn

„Schön, dass Du gekommen bist",
sagte sie, ganz ohne List
Ihr ging's gut, sie lachte viel
Kühl der Wind, es war auch schwül

Hier in dieser kleinen Stadt
schien ihr Leben gut und glatt
Doch als wir beim Essen warn,
weinte sie ganz leis vor Scham

Der Mann war tot, der Sohn lang fort
Ihr Haus ein einsam, trister Ort
Die Schulden drückten aufs Gemüt
Allein ihr Lachen mir noch blieb

Träume hinter Stein versteckt,
wo niemand die Gefühle weckt
Viel älter schien mir ihr Gesicht
Ja, lange sahen wir uns nicht

Am Grab des Mannes ward sie schwach
Ich hielt sie fest an jenem Tag
Ich sagte ihr: „Komm einfach mit!"
Komm suche Dir ein neues Glück

Sie winkte ab und sagte: „Nein!"
Im Leben muss so manches sein
Vielleicht kommt doch noch irgendwann
ein neuer lieber treuer Mann

Als ich zurückfuhr nach L.A.,
fiel plötzlich erster Winterschnee
Sie winkte noch in aller Ruh
im neuen Kleid, mit schönem Schuh

Erleichterung

Zieht es Dich mal ganz weit fort,
dorthin, wo die Träume sind,
wartet sie am fernen Ort
Ganz egal, wie weit Du fort
Mutter wartet auf ihr Kind

Ist manch Ziel auch noch so schön,
welches Dir die Fremde zeigt,
bleibt die Spur nach Haus bestehn
Auch wenn stark die Winde wehn
Auch wenn sie vergeht, die Zeit

Jenseitig so mancher Welt
schlägt ein Herz für Dich allein
Dieser Mensch, der zu Dir hält,
bleibt, wenn´s Glück zusammenfällt
Mutter wird stets bei Dir sein

Selbst im Universum, fern,
wenn Du längst woanders bist,
ist auf jenem kleinen Stern,
dort auf Deiner Erde fern,
Deine Mutter, die Du liebst

Darum habe immer Mut
Niemals bist Du ganz allein
Selbst wenn Dir erstarrt das Blut,
bist Du krank, geht´s Dir nicht gut,
Mutter wird stets bei Dir sein

Ein Gerichtsvollzieher

Im schwarzen Zwirn steht er vorm Haus
Er sieht schon ziemlich eigen aus
Er scheint so aufgeräumt und klar
Bald wirkt er wie ein Superstar
Doch sucht er nur Adressen raus …

… von Leuten, die noch zahlen solln
Es rührt ihn nicht, wenn Tränen rolln
Er sieht so kompromisslos aus
Und steht doch einsam dort am Haus
Heut will er sich die Scheinchen holn

Er schiebt die Brille auf die Stirn
Darunter schlägt ein kluges Hirn
Jetzt will er Geld – er fühlt sich stark
Bleibt auch die Ausbeute oft karg
Er fühlt sich gut in seinem Zwirn

Ob er nicht manchmal Sehnsucht hat?
Nach jener Kindheit, die nicht glatt?
Nach seiner ersten Freundin auch?
Nach einem Süßigkeiten-Bauch?
Was findet mit dem Mann noch statt?

Ich schau von fern ihn lange an
Er ist ein wahrhaft stolzer Mann
Er lächelt kurz zu mir, wird streng
Er sieht das alles wohl zu eng
Ob er wohl auch mal frei sein kann?

Nervös zupft er sein Hemd zurecht
Fürwahr, an ihm scheint alles echt
Und doch bewundre ich ihn auch
Er ist so schlank, hat keinen Bauch
Von Bonbons wird's ihm sicher schlecht

Noch immer steht er dort am Haus
Er sieht so traurig, ratlos aus
Ich fahr davon und gebe Gas
Er schaut mir nach - war sonst noch was?
Wohl sucht er noch Adressen raus …

Alptraum

Mondlicht fällt vom Himmelszelt
Angst droht über See und Wies
Traumlos scheint die halbe Welt
Ach, ich fühl mich wirklich mies

Überall ist's seicht und nass
Denk an Dich im Tannenwald
Heute Nacht macht gar nichts Spaß
Und der Wind faucht bitterkalt

Schlaflos irr ich her und hin
Suche Dich und such nach mir
Finde nichts, nicht mal den Sinn
Und die Uhr zeigt kurz vor Vier

Eine Antwort gibt es nicht
Ahn, Du bist schon lange fort
Regen fällt auf mein Gesicht
Hier an diesem tristen Ort

Doch welch Wunder, mir wird's warm
Ich erwach und glaub es kaum
Lieg bei Dir, in Deinem Arm
Alles war ein schlechter Traum

Auf der Treppe

Ein junger und ein alter Mann,
sie sagen nichts und schweigen nur
Sie sitzen da und schaun sich an
Der junge und der alte Mann
Und schauen manchmal auf die Uhr

Es ist ein Vater mit dem Sohn
Dazwischen liegen dreißig Jahr
Sie sagen nichts, was macht das schon
Es schweigt der Vater und der Sohn
Soviel scheint anders als es war

Der Sohn will fort, weg von Zuhaus
Der Vater hat die dritte Frau
Doch sehen sie nicht glücklich aus
Sie fühln sich fern, weit von Zuhaus
Die Mutter wusst das ganz genau

Sie lief davon vor langer Zeit
Und ließ die beiden schnell zurück
Die Männer hat das nicht erfreut
Die Mutter ging vor langer Zeit
Und suchte sich ein neues Glück

Es fehlte der Zusammenhalt
Denn Sohn und Vater passten nicht
Die Wohnung wurde kalt, so kalt
Es fehlte der Zusammenhalt
Und Mutters liebes Angesicht

So sitzen sie nun schweigend da
Und trauern ihren Träumen nach
Es wird wohl nie mehr so wies war
Die beiden sitzen schweigend da
Und sind wohl lange noch nicht wach

Ende der Welt

Sonnenstürme über mir
Diese Welt zerbricht im Traum
Schreien wie ein wildes Tier
Sterben ohne Zeit und Raum

Gier frisst sich durch allen Dreck
Irgendwann die Haut verbrennt
Niemand steckt die Hölle weg
Weil der Teufel Amok rennt

Durch das Flussbett rinnt nur Blut
Schwefeldampf ätzt sich behänd
In den Städten herrscht die Wut
Bis man sich nicht mehr erkennt

Geld bepflastert Hof und Haus
Wertlos nur des Menschen Geist
Tot sind Hoffnung, Tier und Laus
Alles Liebe scheint vereist

Da, ein Blitz am Firmament
Jene Nacht ein Knall zerfetzt
Alles Irdische verbrennt
Unser Ende kommet jetzt

Nachhause

In jener düsteren Samstagsnacht
Hab ich nur an Erfolg gedacht
Mal wirklich ganz weit oben sein
Genießen all den Glanz den Schein
Und spüren, wenn die Sonne lacht

Da lief ich los auf meinem Weg
Ich überquerte manchen Steg
Es war nicht einfach, es war schwer
So Manches sehnt ich nie mehr her
Und manchmal war's wohl ziemlich schräg

Die Tage gingen und manch Jahr
Und irgendwann ward ich ein Star
Amerika und Hollywood
Und nie mehr abgestorben, tot
Und fast vergessen, wies mal war

Doch plötzlich spürte ich in mir
Die Einsamkeit, fernab der Gier
Ich fühlte mich so sehr allein
So wollt ich damals niemals sein
Und aller Glanz verblasste schier

Da saß ich nun in meiner Welt
Mit all dem Ruhm und all dem Geld
Dass ich nie hatte, damals, ach
Als ich noch niemand war, und schwach
Als sich manch Anrufer verwählt

Der Glanz von Hollywood - verblasst
Mir war, als hätt ich was verpasst
In jenem Rausch der neuen Zeit
Als ich für Altes nicht bereit
Schien aller Ruhm mir eine Last

Vom Fenster meiner Villa dann
Schaut ich den düstern Monde an
Der Wind war frisch, voll Rosenduft
Ich spürte noch: mein Herz, es klopft
Und wollte heim, ins Heimatland

Da fiel mir jenes Wäldchen ein
Dort war ich niemals ganz allein
Ich kannte mich dort so gut aus
Und dort stand auch mein Heimathaus
Dort wollt ich wieder glücklich sein

Und jenseits von dem schönen Schein
Flog ich am nächsten Tage heim
Dort kannte man mein Namen nicht
Und nirgends hing mein Angesicht
Es brannte nur ein Lichtlein fein

Nicht hell war es, doch war es dort
Wies immer war, wenn ich lang fort
Die Mutter dachte stets an mich
Als ich gestanden, da, im Licht
Als ich an einem fremden Ort

Und plötzlich ward das Herz mir warm
Hier, wo ich damals war so arm
Hier lebte das, was sonst gefehlt
In jener kalten Glimmerwelt
Als niemals mir die Einsicht kam

Die Heimat hat mich reich gemacht
So oft hab ich an sie gedacht
Wozu der Ruhm und der Erfolg
Zuhause gibt's das echte Gold
Und manche schöne Samstagnacht

Fragen

Du starrst lang um Dich herum
Du willst weinen, bleibst doch stumm
Die Gedanken ziehn in Dir
Was bleibt noch von allem hier?

Wolltest Geld, Erfolg und Macht,
dass für Dich die Sonne lacht
Wolltst geliebt sein und geehrt
Wolltest leben - unbeschwert

Hast gekämpft und bliebst allein!
Warum muss das denn so sein?
Suchtest nach dem großen Glück
Doch am End blieb nichts zurück

Welchen Lohn gibt's für die Zeit,
die durchsetzt von Not und Leid?
Alle Freude scheint vorbei
Übrig bleibt ein „Einerlei"

Und nun stehst Du da und klagst!
Hast das Leben Du verpasst?
Schaust zum Himmel hoch, ins Licht
Spürst im Herzen einen Stich

Denn nicht Macht, Erfolg und Geld
ists, was Dich am Leben hält
Wenn der Welt Du Liebe gibst,
weißt Du, wer Du wirklich bist!

Letzter Sommer

Es war der letzte Sommer
Am Fluss sang sie so gern
Ein Fisch kam da geschwommen
Und eh der Tag verronnen
Da zählte sie die Stern

Es war der letzte Sommer
Ihr Lächeln barg den Tod
Ich hab sie gern gesprochen
Es gingen Tage, Wochen
So manches Abendrot

Es war der letzte Sommer
Sie winkte mir kurz zu
Ich hör sie heut noch singen
Ihr Lied wird nie verklingen
In abendlicher Ruh

Es war ihr letzter Sommer
Und einsam ist´s am Fluss
Sie ist so sanft gestorben
So ohne alle Sorgen
Für sie ein Abschiedsgruß

Begegnung

Schon fast vergessen hätt ich ihn
Den alten Mann im Supermarkt
Er schritt ganz langsam vor sich hin
Und nahm sich Eier, Brot und Quark

Um einen Osterstand schlich er
Sollt er was nehmen oder nicht?
Das Denken fiel ihm sichtlich schwer
Und traurig schien sein Angesicht

Verschämt griff er in das Regal
Ein Osterhäschen sollt es sein
Die Rente schien wohl ziemlich schmal
Und manch Geschenk ward ziemlich klein

Ich dacht', ob ich ihn ansprech dort?
Er schaute mich ganz kurz nur an
Vielleicht ein nettes, kurzes Wort?
Ein „Frohes Fest" für diesen Mann?

Doch er ging fort mit seinem Haas´
Ich nahm noch dies und jenes mit
So manches Süße, Obst im Glas
Und auch vom Käs ein dickes Stück

Drei Tage später las ich dann
Ein kranker Mann starb einsam, alt
Sein Foto sah ich auch sodann
An Ostern war es trüb und kalt

Oft denk ich an den Mann im Markt
Doch er und Ostern sind längst fort
Er kaufte Eier, Brot und Quark
Ich hätt´ ihn ansprechen solln dort

Späte Heimkehr

Es steht ein Haus am Waldesrande

Und es fällt Schnee so weiß und sacht
Gar friedlich liegt dies deutsche Lande
Gar friedlich ist der Tag, die Nacht

Ihr Name ist Frau Martha Krause
Ihr Mann, der Kurt, zog in den Krieg
Nie kam er von der Front nach Hause
Und Martha hofft lang auf den Sieg

So viele Jahre sind vergangen
Der Krieg, das Sterben – alles aus
Sie hat mit Kurt sich gut verstanden
Vor vielen Jahrn in diesem Haus

Sie steht am Fenster, schaut zum Walde
Ob Kurt den Weg zum Haus noch find'?
Er wird wohl kommen ziemlich balde
Und in den Bäumen spielt der Wind

Der Schnee türmt auf sich um das Häuschen
Und Martha wird es ziemlich flau
Vorm Ofen piepst ein kleines Mäuschen
Und draußen wird es kalt und grau

Da stapft durchs wüste Schneegestöber
Ein junger Mann bis vor das Haus
In Uniform und Stiefelleder
Schaut er wie ein Soldat wohl aus

Er starrt zum Fenster und zu Martha
Die schiebt leis die Gardine fort
Sie hat wohl Tränen unterm Haar da
Und beide sprechen nicht ein Wort

Sie nimmt die Feldpostbriefe an sich
Die von der Front ihr Kurt einst schrieb
Und fühlt sich leicht und gar nicht grantig
Und hat den Kurt noch immer lieb

Sie geht hinaus zu jenem Manne
Der küsst sie sacht auf ihre Stirn
Der Schneesturm tobt durchs Deutsche Lande
Und kann doch gar nichts mehr zerstörn

Die beiden stapfen bis zum Walde
Und Schnee hüllt sie wien Schleier ein
Kurt war gekommen, ziemlich balde
Und beide wollen endlich heim

Es wacht ein Haus am Waldesrande
Und es fällt Schnee so weich und sacht
Und friedlich ist's im deutschen Lande
Und Martha hat sich aufgemacht

Liebe Omi

Liebe Omi, hörst Du mich?
Bin noch immer auf der Welt
Und ich denk so oft an Dich
Sag mir Omi, hörst Du mich?
Habe Angst, dass nichts mehr hält

Liebe Omi, hörst Du mich?
Du bist weit, so weit von mir
Manchmal ist´s so fürchterlich
Sag mir Omi, hörst Du mich
Bin manchmal nicht gerne hier

Liebe Omi, siehst Du mich?
Ich denk ja so oft zurück
Hast so viel getan für mich
Weißt Du noch – und siehst Du mich?
Such noch immer nach dem Glück

Liebe Omi, siehst Du mich?
Manchmal ist´s so dunkel hier
Und ich glaub, ich fürchte mich
Sag mir Omi, siehst Du mich?
Auch die Mami ist bei mir

Liebe Omi, weißt Du noch?
Hast mir oft erzählt von Dir
Oft fiel ich ins tiefe Loch
Liebe Omi, weißt Du noch?
Ach, ich wünscht, Du wärst noch hier

Liebe Omi, hörst Du mich?
Singst Du mir ein Himmelslied?
Ja, ich denk sehr oft an Dich
Liebe Omi, hörst Du mich?
Ich hab Dich ganz dolle lieb!

Der Autist

Er war noch jung, ein Junge noch,
und doch so fremd von dieser Welt
Er schien recht glücklich, immer noch
Und lebte nicht im dunklen Loch
Und war so sanft, verstand, was zählt

Oft sagte man: „Der ist verrückt!
Der tickt nicht richtig irgendwo!"
Manchmal schien er der Welt entrückt
Man sagte: „Ach, der ist verrückt!
Der merkt doch nichts, wird niemals froh!"

Doch seine Mutter liebte ihn,
auch, wenn er anders war und schwieg
Für sie war er der Lebenssinn!
Vielleicht sogar der Hauptgewinn?
Er hatte alle Menschen lieb

Denn wenn er lachte, fröhlich war,
dann schien die Welt, das Glück perfekt
Dann schien fast alles sonnenklar
Und nichts blieb mehr so wie's sonst war!
Er war doch klug und aufgeweckt!

Jedoch verging die Zeit, die Zeit
Er hat gespürt, man wollt ihn nicht
Er wusste um der Mutter Leid
Da lief er fort, so weit, so weit
Ein sanftes Lächeln im Gesicht

Der Mutter hat er nichts gesagt
Er lief und lief bis an das Meer
Nie hatte er geflucht, geklagt
Und auch der Mutter nichts gesagt
Das Meeresrauschen wog so schwer

Noch einmal schaute er sich um
Da war niemand am kahlen Strand
Er war ein Junge noch, so jung
Vielleicht verrückt, doch niemals dumm,
als er vor Gott so einsam stand

Ganz plötzlich rief jemand nach ihm,
dort draußen auf dem weiten Meer
Wer war das nur? Wo lag der Sinn?
Er lief ins Wasser einfach hin
Man sah ihn später nimmermehr

„Komm heim, komm heim, du liebes Kind!
Bei mir hier bist Du nie allein!
Dort, wo die Kinder Engel sind,
wach ich bei Dir, mein liebes Kind!
Komm lass und jetzt zusammen sein!"

Die Welt dort draußen war zu kalt!
Er wollte nicht mehr draußen sein!
Die Tür, die offen einen Spalt,
war plötzlich einfach zugeknallt!
In seiner Welt blieb er allein!

Er war so jung, ein Junge noch
Nur seine Spur blieb da im Sand
Und leise summt am Strand der Wind
Die Mutter weinte um ihr Kind,
denn es ergriff wohl Gottes Hand

Schranke

An der Schranke deines Lebens
fragst du dich nach dem „Wieso?"
Und du stehst vorm Spiegel,
diesem riesengroßen und starrst hinein,
und weißt nichts mehr
Bleibst stumm und frierst
Warum?
So viele Jahre sind vergangen
und du stehst nur da
Siehst die Spuren der Ärzte,
die du aufgesucht,
weil irgendetwas in dir nicht mehr
läuft - nicht stimmt - vielleicht
Doch du bist nicht krank
Du bist nicht tot
Stehst an der Schranke deines Lebens
Und sie ist zu! Du fühlst es ganz genau!
Es geht nicht weiter und du schweigst
Bist stumm
Warum?
Hast du nichts geleistet?
Hast du nichts mehr zu sagen?
Nichts mehr zu geben?
Bist du zu dumm?
Lange starrst du in den großen Spiegel
Und siehst doch nur immer wieder
diesen einen,
der nicht anders ist,
der nie anders war
Du suchst die Falten

Na klar, da gibt's schon welche
Doch sonst?
Kriecht da die Einsamkeit in deine Seele?
Und diese Augen,
sind die nicht viel zu ängstlich?
Ein Fluchtgedanke!
Atemnot! Herzrasen! Schwitzen!
Zittern! Vielleicht vor Angst?
Und du bleibst stumm
Du kannst nicht reden
Warum?
Die Schranke deines Lebens
scheint dir plötzlich viel zu hoch
Du kommst nicht drüber!
Du könntest dran vorüber gehen
Willst du das?
Wie wird es weitergehen?
All diese vielen Schwächen!
Sind da doch noch Stärken?
Sind da auch noch Träume?
Ist da noch ein Weg?
Ist da noch Leben?
Ist da ein Mensch?
Oder bist du nur zu schwach?
Du bist noch lange nicht am Ziel!

Kleiner Junge

Kleiner Junge, der gern lacht
Hat sich groß und klug gemacht
Ist auf seinem langen Weg
Den er selbst noch nicht versteht
Und er singt und denkt und lacht

Manche Stürme kommen da
Bringen Angst und auch Gefahr
Doch der Junge hat die Kraft
Hat den besten Lebenssaft
Seine Ziele sind so klar

Menschen kreuzen seinen Weg
Deren Spur - vom Wind verweht
Manchmal schwankt er hin und her
Ja, im Leben geht's oft quer
Und manch Traum kommt und vergeht

Doch sein Blick ist klar und rein
Und er sieht den Stock, den Stein
Kleiner Junge, der gern lacht
Hat sich auf den Weg gemacht
Wird am End der Sieger sein!

INHALT

INHALT

INHALT

Gedanke

Manchmal denkt man,
man hat keine Zeit
Es ist der letzte Tag,
die allerletzte Stunde
Dann schaut man sich um und spürt,
es ist soweit
Noch ein letztes Wort, vielleicht,
aus meinem Munde

Dann sieht alles anders aus,
was man so sieht
Und man ist traurig,
muss man jetzt gehn?
Und man zählt die Sekunden,
bevor es geschieht
Beginnt man erst jetzt
sich selbst richtig zu verstehn?

Und plötzlich weiß man es!
Ja, man fühlt es genau:
Dies alles ist einmal nur
Es wird für immer vergehen
Dann nimmt man ihn auf,
den wirklichen Augenblick
Denn *DAS* ist *WIRKLICH* Leben

120